Erased

Erased

de Kooning

Drawing

Geraint

Edwards

Copyright © 2017 Geraint Edwards
All rights reserved.

ISBN-13: 978-1974545186

ISBN-10: 1974545180

Set in 11 pt Consolas (default font of History Log .txt files).

FOREWORD

The title "Erased Erased de Kooning Drawing" refers to the Robert Rauschenberg work in which he erased a Willem de Kooning drawing over the space of a month, using around 40 erasers in an act of "additive subtraction", leaving an "empty" image, which showed traces of its former state: a palimpsest.

As digital erasure is so much more visually complete, a blank digital image will not show such a history. The pure absence of visual information could represent the beginning point of an act of creation, or the end point of an act of destruction.

De Kooning told Rauschenberg that he would make it as difficult as possible for him, selecting a drawing which included charcoal, oil paint, pencil and crayon. In the same spirit, a 1-pixel diameter Eraser tool was selected in Photoshop and an image of the Rauschenberg artwork was erased over five sessions and a total of nine hours and thirty-three minutes (a total of 973 "Eraser" actions).

Whilst the final visual image is devoid of information, the story of the erasure is encoded in the metadata in the History Log file. This text serves as a digital palimpsest; an epic poem which begs a more general question about how truth has retreated from our retinal environment.

When pushed as to what his Erased de Kooning Drawing was, Rauschenberg denied that it was an act of the youngster challenging the authority of the established master, instead calling it a "celebration". He similarly rejected claims that the work was an act of destruction or negation, stating instead that it was "poetry".

2017-04-17 14:25:40   Photoshop launched

                  Reset Brushes of current application

                  Reset Tool Presets of current application

2017-04-17 14:25:48   File Erased de Kooning.jpg opened

                  Open

                          C:\Users\Geraint.Geraint-PC\Desktop\Erased de Kooning.jpg

                          1484

                  Open

                          C:\Users\Geraint.Geraint-PC\Desktop\Erased de Kooning.jpg

                          1484

Set current brush

To: brush

master diameter: 1 pixels

Eraser

Eraser

Eraser

Eraser

Eraser

Eraser

Eraser

Eraser

Eraser

Eraser

Eraser

Eraser

Eraser

Eraser

Eraser

Eraser

Eraser

Eraser

Eraser

Eraser

Eraser

Eraser

Eraser

Eraser

Eraser

Eraser

Eraser

Eraser

Eraser

Eraser

Eraser

Eraser

Eraser

Eraser

Eraser

Eraser

Eraser

Eraser

Eraser

Eraser

Eraser

Eraser

Eraser

Eraser

Eraser

Eraser

Eraser

Eraser

Eraser

Eraser

Eraser

Eraser

Eraser

Eraser

Eraser

Eraser

Eraser

Eraser

Eraser

Eraser

Eraser

Eraser

Eraser

Eraser

Eraser

Eraser

Eraser

Eraser

Eraser

Eraser

Eraser

Eraser

Eraser

Eraser

Eraser

Eraser

Eraser

Eraser

Eraser

Eraser

Eraser

Eraser

Eraser

Eraser

Eraser

Eraser

Eraser

Eraser

Eraser

Eraser

Eraser

Eraser

Eraser

Eraser

Eraser

Eraser

Eraser

Eraser

Eraser

Eraser

Eraser

Eraser

Eraser

Eraser

Eraser

Eraser

Eraser

Eraser

Eraser

Eraser

Eraser

Eraser

Eraser

Eraser

Eraser

Eraser

Eraser

Eraser

Eraser

Select clone stamp

Select eraser

Eraser

Eraser

Eraser

Eraser

Eraser

Eraser

Eraser

Eraser

Eraser

Eraser

Eraser

Eraser

Eraser

Eraser

Eraser

Eraser

Eraser

Eraser

Eraser

Eraser

Eraser

Eraser

Eraser

Eraser

Eraser

Eraser

Eraser

Eraser

Eraser

Eraser

Eraser

Eraser

Eraser

Eraser

Eraser

Eraser

Eraser

Eraser

Eraser

Eraser

Eraser

Eraser

Eraser

Eraser

Eraser

Eraser

Eraser

Eraser

Eraser

Eraser

Eraser

Eraser

Eraser

Eraser

Eraser

Eraser

Eraser

Eraser

Eraser

Eraser

Eraser

2017-04-17 17:09:43   File C:\Users\Geraint.Geraint-PC\Desktop\Erased Erased de Kooning Drawing.psd saved

Save

As: Photoshop

In: C:\Users\Geraint.Geraint-PC\Desktop\Erased Erased de Kooning Drawing.psd

1484

2017-04-17 17:09:54   File Erased Erased de Kooning Drawing.psd closed

Close

1484

true

2017-04-17 17:09:56 Photoshop quit

Delete tool preset 44

Delete tool preset 43

Delete tool preset 42

Delete tool preset 41

Delete tool preset 40

Delete tool preset 39

Delete tool preset 38

Delete tool preset 37

Delete tool preset 36

Delete tool preset 35

Delete tool preset 34

Delete tool preset 33

Delete tool preset 32

Delete tool preset 31

Delete tool preset 30

Delete tool preset 29

Delete tool preset 28

Delete tool preset 27

Delete tool preset 26

Delete tool preset 25

Delete tool preset 24

Delete tool preset 23

Delete tool preset 22

Delete tool preset 21

Delete tool preset 20

Delete tool preset 19

Delete tool preset 18

Delete tool preset 17

Delete tool preset 16

Delete tool preset 15

Delete tool preset 14

Delete tool preset 13

Delete tool preset 12

Delete tool preset 11

Delete tool preset 10

Delete tool preset 9

Delete tool preset 8

Delete tool preset 7

Delete tool preset 6

Delete tool preset 5

Delete tool preset 4

Delete tool preset 3

Delete tool preset 2

Delete tool preset 1

2017-04-20 12:34:23   Photoshop launched

Reset Brushes of current application

Reset Tool Presets of current application

2017-04-20 12:35:34   File Erased Erased de Kooning Drawing.psd opened

　　　　Open

　　　　　　C:\Users\Geraint.Geraint-PC\Desktop\Erased Erased de Kooning Drawing.psd

　　　　1484

　　　Select eraser

　　　Select dodge

　　　Select history brush

　　　Select dodge

　　　Select clone stamp

　　　Select eraser

　Eraser

Eraser

Eraser

Eraser

Eraser

Eraser

Eraser

Eraser

Eraser

Eraser

Eraser

Eraser

Eraser

Eraser

Eraser

Eraser

Eraser

Eraser

Eraser

Eraser

Eraser

Eraser

Eraser

Eraser

Eraser

Eraser

Eraser

Eraser

Eraser

Eraser

Eraser

Eraser

Eraser

Eraser

Eraser

Eraser

Eraser

Eraser

Eraser

Eraser

Eraser

Eraser

Eraser

Eraser

Eraser

Eraser

Eraser

Eraser

Eraser

Eraser

Eraser

Eraser

Eraser

Eraser

Eraser

Eraser

Eraser

Eraser

Eraser

Eraser

Eraser

Eraser

Eraser

Eraser

Eraser

Eraser

Eraser

Eraser

Eraser

Eraser

Eraser

Eraser

Eraser

Eraser

Eraser

Eraser

Eraser

Eraser

Eraser

Eraser

Eraser

Eraser

Eraser

Eraser

Eraser

Eraser

Eraser

Eraser

Eraser

Eraser

Eraser

Eraser

Eraser

Eraser

Eraser

Eraser

Eraser

Eraser

Eraser

Eraser

Eraser

Eraser

Eraser

Eraser

Eraser

Eraser

Eraser

Eraser

Eraser

Eraser

Eraser

Eraser

Eraser

Eraser

Eraser

Eraser

Eraser

Eraser

Eraser

Eraser

Eraser

Eraser

Eraser

Eraser

Eraser

Eraser

Eraser

Eraser

Eraser

Eraser

Eraser

Eraser

Eraser

Eraser

Eraser

Eraser

Eraser

Eraser

Eraser

Eraser

Eraser

Eraser

Eraser

Eraser

Eraser

Eraser

Eraser

Eraser

Eraser

Eraser

Eraser

Eraser

Eraser

Eraser

Eraser

Eraser

Eraser

Eraser

Eraser

Eraser

Eraser

Eraser

Eraser

Eraser

Eraser

Eraser

Eraser

Eraser

Eraser

Eraser

Eraser

Eraser

Eraser

Eraser

Eraser

Eraser

Eraser

Eraser

Eraser

Eraser

Eraser

Eraser

Eraser

Eraser

Eraser

Eraser

Eraser

Eraser

Eraser

Eraser

Eraser

Eraser

Eraser

Eraser

Eraser

Eraser

Eraser

Eraser

Eraser

Eraser

Eraser

Eraser

Eraser

Eraser

Eraser

Eraser

Eraser

Eraser

Eraser

Eraser

Eraser

Eraser

Eraser

Eraser

Eraser

Eraser

Eraser

Eraser

Eraser

Eraser

Eraser

Eraser

Eraser

Eraser

Eraser

Eraser

Eraser

Eraser

Eraser

Eraser

Eraser

Eraser

Eraser

Eraser

Eraser

Eraser

Eraser

Eraser

Eraser

Eraser

Eraser

Eraser

Eraser

Eraser

Eraser

Eraser

Eraser

Eraser

Eraser

Eraser

Eraser

Eraser

Eraser

Eraser

Eraser

Eraser

Eraser

Eraser

Eraser

Eraser

Eraser

Eraser

Eraser

Eraser

Eraser

Eraser

Eraser

Eraser

Eraser

Eraser

Eraser

Eraser

Eraser

Eraser

Eraser

Eraser

Eraser

Eraser

Eraser

Eraser

Eraser

Eraser

Eraser

Eraser

Eraser

Eraser

Eraser

Eraser

Eraser

Eraser

Eraser

Eraser

Eraser

Eraser

Eraser

Eraser

Eraser

Eraser

Eraser

Eraser

Eraser

Eraser

Eraser

Eraser

Eraser

Eraser

Eraser

Eraser

Eraser

Eraser

Eraser

Eraser

Eraser

Eraser

Eraser

Eraser

Eraser

Eraser

Eraser

Eraser

Eraser

Eraser

Eraser

Eraser

Eraser

Eraser

Eraser

Eraser

Eraser

Eraser

Eraser

Eraser

Eraser

Eraser

Eraser

Eraser

Eraser

Eraser

Eraser

Eraser

Eraser

Eraser

Eraser

Eraser

Eraser

Eraser

Eraser

Eraser

Eraser

Eraser

Eraser

Eraser

Eraser

2017-04-20 15:19:55   File C:\Users\Geraint.Geraint-PC\Desktop\Erased Erased de Kooning Drawing.psd saved

Save

As: Photoshop

In: C:\Users\Geraint.Geraint-PC\Desktop\

1484

2017-04-20 15:20:05   File Erased Erased de Kooning Drawing.psd closed

Close

1484

true

2017-04-20 15:20:07   Photoshop quit

Delete tool preset 44

Delete tool preset 43

Delete tool preset 42

Delete tool preset 41

Delete tool preset 40

Delete tool preset 39

Delete tool preset 38

Delete tool preset 37

Delete tool preset 36

Delete tool preset 35

Delete tool preset 34

Delete tool preset 33

Delete tool preset 32

Delete tool preset 31

Delete tool preset 30

Delete tool preset 29

Delete tool preset 28

Delete tool preset 27

Delete tool preset 26

Delete tool preset 25

Delete tool preset 24

Delete tool preset 23

Delete tool preset 22

Delete tool preset 21

Delete tool preset 20

Delete tool preset 19

Delete tool preset 18

Delete tool preset 17

Delete tool preset 16

Delete tool preset 15

Delete tool preset 14

Delete tool preset 13

Delete tool preset 12

Delete tool preset 11

Delete tool preset 10

Delete tool preset 9

Delete tool preset 8

Delete tool preset 7

Delete tool preset 6

Delete tool preset 5

Delete tool preset 4

Delete tool preset 3

Delete tool preset 2

Delete tool preset 1

2017-04-22 18:35:23   Photoshop launched

Reset Brushes of current application

Reset Tool Presets of current application

2017-04-22 18:35:59   File Erased Erased de Kooning Drawing.psd opened

Open

C:\Users\Geraint.Geraint-PC\Desktop\Erased Erased de Kooning Drawing.psd

1484

Eraser

Eraser

Eraser

Eraser

Eraser

Eraser

Eraser

Eraser

Eraser

Eraser

Eraser

Eraser

Eraser

Eraser

Eraser

Eraser

Eraser

Eraser

Eraser

Eraser

Eraser

Eraser

Eraser

Eraser

Eraser

Eraser

Eraser

Eraser

Eraser

Eraser

Eraser

Eraser

Eraser

Eraser

Eraser

Eraser

Eraser

Eraser

Eraser

Eraser

Eraser

Eraser

Eraser

Eraser

Eraser

Eraser

Eraser

Eraser

Eraser

Eraser

Eraser

Eraser

Eraser

Eraser

Eraser

Eraser

Eraser

Eraser

Eraser

Eraser

Eraser

Eraser

Eraser

Eraser

Eraser

Set Foreground Color

To: RGB color

Red: 201.996

Green: 183.996

Blue: 145.996

"eyeDropperSample"

Select eraser

Eraser

Eraser

Eraser

Eraser

Eraser

Eraser

Eraser

Eraser

Eraser

Eraser

Eraser

Eraser

Eraser

Eraser

Eraser

Eraser

Eraser

Eraser

Eraser

Eraser

Eraser

Eraser

Eraser

Eraser

Eraser

Eraser

Eraser

Eraser

Eraser

Eraser

Eraser

Eraser

Eraser

Eraser

Eraser

Eraser

Eraser

Eraser

Eraser

Eraser

Eraser

Eraser

Eraser

Eraser

Eraser

Eraser

Eraser

Eraser

2017-04-22 19:56:59   File C:\Users\Geraint.Geraint-PC\Desktop\Erased Erased de Kooning Drawing.psd saved

Save

As: Photoshop

In: C:\Users\Geraint.Geraint-PC\Desktop\

1484

2017-04-22 19:57:03   File Erased Erased de Kooning Drawing.psd closed

Close

1484

true

2017-04-22 19:57:04   Photoshop quit

Delete tool preset 44

Delete tool preset 43

Delete tool preset 42

Delete tool preset 41

Delete tool preset 40

Delete tool preset 39

Delete tool preset 38

Delete tool preset 37

Delete tool preset 36

Delete tool preset 35

Delete tool preset 34

Delete tool preset 33

Delete tool preset 32

Delete tool preset 31

Delete tool preset 30

Delete tool preset 29

Delete tool preset 28

Delete tool preset 27

Delete tool preset 26

Delete tool preset 25

Delete tool preset 24

Delete tool preset 23

Delete tool preset 22

Delete tool preset 21

Delete tool preset 20

Delete tool preset 19

Delete tool preset 18

Delete tool preset 17

Delete tool preset 16

Delete tool preset 15

Delete tool preset 14

Delete tool preset 13

Delete tool preset 12

Delete tool preset 11

Delete tool preset 10

Delete tool preset 9

Delete tool preset 8

Delete tool preset 7

Delete tool preset 6

Delete tool preset 5

Delete tool preset 4

Delete tool preset 3

Delete tool preset 2

Delete tool preset 1

2017-04-23 15:35:11   Photoshop launched

Reset Brushes of current application

Reset Tool Presets of current application

2017-04-23 15:35:31 File Erased Erased de Kooning Drawing.psd opened

Open

C:\Users\Geraint.Geraint-PC\Desktop\Erased Erased de Kooning Drawing.psd

1484

Eraser

Eraser

Eraser

Eraser

Eraser

Eraser

Eraser

Eraser

Eraser

Eraser

Eraser

Eraser

Eraser

Eraser

Eraser

Eraser

Eraser

Eraser

Eraser

Eraser

Eraser

Eraser

Eraser

Eraser

Eraser

Eraser

Eraser

Eraser

Eraser

Eraser

Eraser

Eraser

Eraser

Eraser

Eraser

Eraser

Eraser

Eraser

Eraser

Eraser

Eraser

Eraser

Eraser

Eraser

Eraser

Eraser

Eraser

Eraser

Eraser

Eraser

Eraser

Eraser

Eraser

Eraser

Eraser

Eraser

Eraser

Eraser

Eraser

Eraser

Eraser

Eraser

Eraser

Eraser

Eraser

Eraser

Eraser

Eraser

Eraser

Eraser

Eraser

Eraser

Eraser

Eraser

Eraser

Eraser

Eraser

Eraser

Eraser

Eraser

Eraser

Eraser

Eraser

Eraser

2017-04-23 16:17:14   File C:\Users\Geraint.Geraint-PC\Desktop\Erased Erased de Kooning Drawing.psd saved

Save

As: Photoshop

In: C:\Users\Geraint.Geraint-PC\Desktop\

1484

2017-04-23 16:17:18   File Erased Erased de Kooning Drawing.psd closed

Close

1484

true

2017-04-23 16:17:18   Photoshop quit

Delete tool preset 44

Delete tool preset 43

Delete tool preset 42

Delete tool preset 41

Delete tool preset 40

Delete tool preset 39

Delete tool preset 38

Delete tool preset 37

Delete tool preset 36

Delete tool preset 35

Delete tool preset 34

Delete tool preset 33

Delete tool preset 32

Delete tool preset 31

Delete tool preset 30

Delete tool preset 29

Delete tool preset 28

Delete tool preset 27

Delete tool preset 26

Delete tool preset 25

Delete tool preset 24

Delete tool preset 23

Delete tool preset 22

Delete tool preset 21

Delete tool preset 20

Delete tool preset 19

Delete tool preset 18

Delete tool preset 17

Delete tool preset 16

Delete tool preset 15

Delete tool preset 14

Delete tool preset 13

Delete tool preset 12

Delete tool preset 11

Delete tool preset 10

Delete tool preset 9

Delete tool preset 8

Delete tool preset 7

Delete tool preset 6

Delete tool preset 5

Delete tool preset 4

Delete tool preset 3

Delete tool preset 2

Delete tool preset 1

2017-04-24 20:13:12   Photoshop launched

Reset Brushes of current application

Reset Tool Presets of current application

2017-04-24 20:14:11   File Erased Erased de Kooning Drawing.psd opened

Open

C:\Users\Geraint.Geraint-PC\Desktop\Erased Erased de Kooning Drawing.psd

1484

Eraser

Eraser

Eraser

Eraser

Eraser

Eraser

Eraser

Eraser

Eraser

Eraser

Eraser

Eraser

Eraser

Eraser

Eraser

Eraser

Eraser

Eraser

Eraser

Eraser

Eraser

Eraser

Eraser

Eraser

Eraser

Eraser

Eraser

Eraser

Eraser

Eraser

Eraser

Eraser

Eraser

Eraser

Eraser

Eraser

Eraser

Eraser

Eraser

Eraser

Eraser

Eraser

Eraser

Eraser

Eraser

Eraser

Eraser

Eraser

Eraser

Eraser

Eraser

Eraser

Eraser

Eraser

Eraser

Eraser

Eraser

Eraser

Eraser

Eraser

Eraser

Eraser

Eraser

Eraser

Eraser

Eraser

Eraser

Eraser

Eraser

Eraser

Eraser

Eraser

Eraser

Eraser

Eraser

Eraser

Eraser

Eraser

Eraser

Eraser

Eraser

Eraser

Eraser

Eraser

Eraser

Eraser

Eraser

Eraser

Eraser

Eraser

Eraser

Eraser

Eraser

Eraser

Eraser

Eraser

Eraser

Eraser

Eraser

Eraser

Eraser

Eraser

Eraser

Eraser

Eraser

Eraser

Eraser

Eraser

Eraser

Eraser

Eraser

Eraser

Eraser

Eraser

Eraser

Eraser

Eraser

Eraser

Eraser

Eraser

Eraser

Eraser

Eraser

Eraser

Eraser

Eraser

Eraser

Eraser

Eraser

Eraser

Eraser

Eraser

Eraser

Eraser

Eraser

Eraser

Eraser

Eraser

Eraser

Eraser

Eraser

Eraser

Eraser

Eraser

Eraser

Eraser

Eraser

Eraser

Eraser

Eraser

Eraser

Eraser

Eraser

Eraser

Eraser

Eraser

Eraser

Eraser

Eraser

Eraser

Eraser

Eraser

Eraser

Eraser

Eraser

Eraser

Eraser

Eraser

Eraser

Eraser

Eraser

Eraser

Eraser

Eraser

Eraser

Eraser

Eraser

Eraser

Eraser

Eraser

Eraser

Eraser

Eraser

Eraser

Eraser

Eraser

Eraser

Eraser

Eraser

Eraser

Eraser

Eraser

Eraser

Eraser

Eraser

Eraser

Eraser

Eraser

Eraser

Eraser

Eraser

Eraser

Eraser

Eraser

Eraser

Eraser

Eraser

Eraser

Eraser

Eraser

Eraser

Eraser

Eraser

Eraser

Eraser

Eraser

Eraser

Eraser

Eraser

Eraser

Eraser

Eraser

Eraser

Eraser

Eraser

Eraser

Eraser

Eraser

Eraser

Eraser

Eraser

Eraser

Eraser

Eraser

Eraser

Eraser

Eraser

Eraser

Eraser

Eraser

Eraser

2017-04-24 22:12:05   File C:\Users\Geraint.Geraint-PC\Desktop\Erased Erased de Kooning Drawing.psd saved

Save

As: Photoshop

In:

C:\Users\Geraint.Geraint-PC\Desktop\

1484

2017-04-24 22:12:23   File Erased Erased de Kooning Drawing.psd closed

Close

1484

true

2017-04-24 22:12:24   Photoshop quit

Delete tool preset 44

Delete tool preset 43

Delete tool preset 42

Delete tool preset 41

Delete tool preset 40

Delete tool preset 39

Delete tool preset 38

Delete tool preset 37

Delete tool preset 36

Delete tool preset 35

Delete tool preset 34

Delete tool preset 33

Delete tool preset 32

Delete tool preset 31

Delete tool preset 30

Delete tool preset 29

Delete tool preset 28

Delete tool preset 27

Delete tool preset 26

Delete tool preset 25

Delete tool preset 24

Delete tool preset 23

Delete tool preset 22

Delete tool preset 21

Delete tool preset 20

Delete tool preset 19

Delete tool preset 18

Delete tool preset 17

Delete tool preset 16

Delete tool preset 15

Delete tool preset 14

Delete tool preset 13

Delete tool preset 12

Delete tool preset 11

Delete tool preset 10

Delete tool preset 9

Delete tool preset 8

Delete tool preset 7

Delete tool preset 6

Delete tool preset 5

Delete tool preset 4

Delete tool preset 3

Delete tool preset 2

Delete tool preset 1

ABOUT THE AUTHOR

Geraint Edwards makes artworks which interrogate the grey area in our hybrid physical / digital lives, investigating what happens when we translate concepts between the two worlds, and examining the features of the post-dimensional experience.

geraintedwards.com